Per Anton e per tutti i bambini,
sia quelli avventurosi che quelli più tranquilli.
N. B.

Grazie a Lisa, Axel e Maxence,
per il loro prezioso aiuto.
E. B.

L'agenzia OKIDOKID ha contribuito con la sua creatività alla realizzazione di questo libro.

Titolo dell'opera originale: L'oeil du detective. En route pour l'aventure (© Assimil France 2020)

L'edizione italiana è stata tradotta e adattata a cura di
Assimil Italia
C.P. 80 – Chivasso Centro
10034 Chivasso (TO)
www.assimil.it

ISBN: 978-88-85695-33-7

Stampato in Romania da Tipografia Real, Bucarest - Luglio 2020

16 CASI DA RISOLVERE
PER IMPARARE L'INGLESE
GIOCANDO

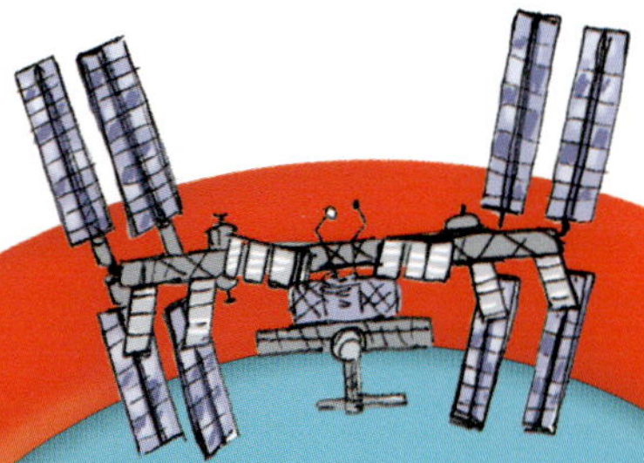

L'Occhio del detective
Sulle strade dell'avventura

Norédine Benazdia
Élodie Balandras

assimil KIDS & TEENS

INDAGINE N° 1

Chi ha sabotato la mongolfiera di Bob?

NEED SOME HELP?

hot-air balloon

grid pattern

to take off (took, taken)

hole

to carry (carried, carried)

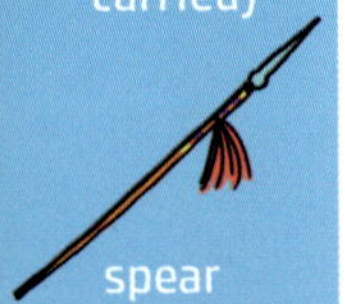

spear

flag

to tie (tied, tied)

Oggi ti trovi a Charente, nell'ovest della Francia: era da molto tempo che sognavi di assistere alla coppa d'Europa di mongolfiere che si svolge proprio qui. Durante questa competizione, i piloti devono misurarsi in diverse prove come il lancio di un oggetto il più vicino possibile al bersaglio o condurre i loro palloni aerostatici lungo un determinato percorso. Anche quest'anno il grande favorito è Bob Balbo, un pilota che ha vinto più volte i campionati del mondo.

A proposito, che aspetto ha il suo pallone? Come puoi riconoscerlo? Lo domandi a un gruppo di suoi fan, venuti per fargli il tifo, che ti rispondono subito in coro:

"Bob's hot-air balloon has a green and yellow grid pattern."

Non ti aspettavi di trovarlo lì! Che cosa sta succedendo? Perché non è decollato? Allora lo chiedi a Bob:

"Why didn't you take off?"

Che deluso ti risponde:

"Someone made a hole in my balloon!"

È un sabotaggio! La sua mongolfiera è inutilizzabile. Mentre esamini il buco ti ricordi di aver visto un uomo con una lancia appuntita, così chiedi a Bob e ai suoi fan di aiutarti a trovarlo:

"Look for a man with black hair. He is carrying a spear with a small flag tied to it."

Molto bene! Grazie alle tue indicazioni Bob ha trovato il colpevole, che è stato immediatamente squalificato dagli arbitri. Il pallone di Bob per fortuna si può riparare e domani parteciperà al concorso. Ma le belle notizie non sono finite, infatti potrai salire con lui nel cesto della sua mongolfiera. Grandioso, non è vero?

GO JOHN GO

Il mistero del volo 212 per il Messico

NEED SOME HELP?

pilot

cockpit

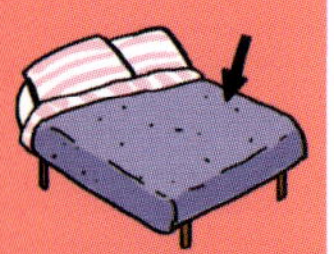

blanket

headphones

sleeping mask

plane

Dopo un soggiorno a Londra, ti trovi a bordo del volo 212, destinazione Messico. L'aereo sta sorvolando l'oceano Atlantico quando un'assistente di volo ti chiede di seguirla. Ha riconosciuto il tuo nome nella lista dei passeggeri e conosce la tua fama da detective. Ti informa che c'è un problema sull'aereo. Un grosso problema!

"Our pilot disappeared! He left the cockpit and never came back."

Ma com'è possibile? Era sicuramente nella cabina di pilotaggio al momento del decollo, non può essere sparito così! Chi ha attivato il pilota automatico? Prima che tu potessi domandarlo all'assistente di volo, questa viene chiamata da un passeggero:

"Please, can you give me a new blanket? I don't have any."

La hostess è sorpresa per la strana richiesta e ti spiega che prima del decollo aveva verificato lei stessa che ogni passeggero avesse una coperta a disposizione. Proprio in quel momento un altro passeggero si rivolge a uno steward:

"I can't find my headphones and my sleeping mask."

Incredibile! Era sicuro di averli con sé quando si è imbarcato sull'aereo. Senza dubbio tutte queste sparizioni sono collegate: il tuo intuito da detective ti dice che il pilota è seduto da qualche parte sull'aereo e che dev'essere stato proprio lui a prendere in prestito gli oggetti mancanti. Osservando i passeggeri lo individui subito e scuotendolo gli dici:

"Wake up! You have a plane to fly."

Il pilota apre gli occhi, scoppia a ridere ed esclama:

"Booh! I wasn't sleeping!"

Dato che era il suo millesimo volo, il pilota burlone ha voluto fare uno scherzo al suo equipaggio nascondendosi tra i passeggeri! Tornato al tuo posto, potrai goderti il viaggio con un pilota in carne e ossa al comando.

Panico sul Piroscafo

NEED SOME HELP?

to throw (threw, thrown)

cold

slimy

head

dress

ink

to cook (cooked, cooked)

tablecloth

Questa crociera nel Mediterraneo non ti deluderà! Ci sono tantissime attività da fare su questo piroscafo, ma tu come al solito preferisci stare tranquillo a bordo piscina. Oggi però il tuo riposo è interrotto da voci e schiamazzi. Un uomo urla rivolgendosi a dei ragazzini sul ponte:

"They threw something cold and slimy at the back of my head."

I ragazzini sembrano sinceramente sorpresi, stavano solo giocando a palla in un angolo, ma adesso una donna, rossa dalla rabbia, si mette a urlare contro un cameriere:

"My dress! Look at it! Now I'll have to change."

Il cameriere non sa che dire: non ha nulla sul suo vassoio. Cosa avrebbe potuto versare? Allora decidi di esaminare l'abito per cercare di capire cosa stia succedendo. La donna ti mostra la grande macchia nera e aggiunge:

"It looks like black ink."

All'improvviso arriva un cuoco con aria un po' perplessa, che dice:

"I was cooking dinner when one of my main ingredients disappeared… "

Ma di cosa starà parlando? Allora raggruppi gli indizi che hai raccolto grazie al tuo occhio da detective: freddo, appiccicoso, inchiostro… e trovi l'ingrediente misterioso!

"Amazing! Look at the tablecloth near the bar."

In effetti, il polpo era ben mimetizzato! Era scappato dalla cucina verso il ponte superiore, poi era caduto in testa all'uomo e da lì era rimbalzato sulla signora, imbrattandole il vestito con il suo inchiostro: un semplice riflesso istintivo per la paura. Alla fine, il polpo si è rifugiato su un tavolo. Fortunatamente non finirà nella padella dello chef, perché grazie alla sua temerarietà è diventato la mascotte del piroscafo!

Grande fuga in canoa

NEED SOME HELP?

prisoner

beach

bald

shirtless

tattoo

to assault (assaulted, assaulted)

outrigger canoe

top

side

Che spettacolo! La più grande gara di canoa polinesiana delle Hawaii è appena iniziata. L'obiettivo è quello di raggiungere l'isola di Molokai nel minor tempo possibile. Mentre i concorrenti si allontanano a grandi colpi di remi, noti dei poliziotti che si agitano sulla spiaggia: stanno scrutando le canoe col binocolo come se stessero cercando qualcuno e uno di loro ti spiega:

"A prisoner has escaped and we have lost him on the beach."

Sperano che non si sia unito alla gara. È riuscito a fuggire proprio davanti ai loro occhi. Ecco come riconoscerlo:

"He is bald. He is shirtless and has tattoos on his arms."

Accipicchia! Molti concorrenti hanno un aspetto simile a questa descrizione, ma ecco che un atleta con un grosso bernoccolo sulla testa si avvicina ai poliziotti e dice:

"Someone assaulted me ten minutes ago."

Questa persona gli ha rubato la canoa, ma i particolari che ci descrive sono molto utili:

"My outrigger canoe is yellow on top and red on the sides."

Non ci vuole molto per individuarlo, infatti in pochi minuti viene raggiunto dai poliziotti sulla loro barca a motore e arrestato.

La canoa viene restituita al legittimo proprietario, che ti invita a seguire la gara insieme a lui dal mare, allora ti metti accanto a lui facendo attenzione a non perdere l'equilibrio. E che vinca il migliore!

Bracconiere a bordo

NEED SOME HELP?

to bring (brought, brought)

tortoise

sketchbook

butterfly (butterflies)

parrot

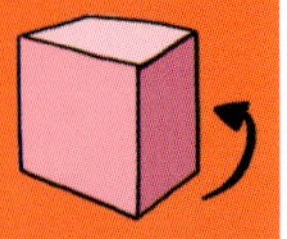
behind

box

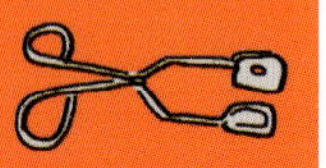
pair of tongs

In Colombia, la via che collega Medellin a Manizales attraversa una magnifica giungla. Poiché il viaggio in autobus è lungo e non molto comodo, le fermate sono frequenti. In una di queste, l'autista coglie l'occasione per salire sul tetto e verificare che i bagagli siano disposti in modo appropriato ma, ad un certo punto, esclama molto arrabbiato:

"What is this? Who brought these tortoises?"

Una cassa nascosta grossolanamente sotto un telo ha attirato la sua attenzione: all'interno, delle tartarughine sembrano soffrire il viaggio mentre una piccola scatola racchiude una rara specie di mantide religiosa. Uno dei passeggeri, preoccupato per la salute dei piccoli animali, ti informa che sua moglie è un veterinario e che potrebbe controllarli. Ma dov'è?

"She has a sketchbook in her hands, looking for butterflies to draw."

L'hai trovata? Lei ti conferma proprio ciò che temevi. Queste sono specie protette. Dev'esserci un bracconiere tra i viaggiatori. Ma chi può essere? Un uomo, incuriosito dalla discussione, cerca di aiutarti:

"Do you see the tree with a red parrot in it? There is a man hiding behind it."

È ben nascosto! Lo vedi, ma non fa niente di male, si è isolato per un semplice bisogno naturale. Osservando più attentamente ogni passeggero, finisci per trovare il colpevole e lo descrivi:

"He is holding a small box and a pair of tongs to capture insects."

Ben fatto! Questa canaglia sfrutta ogni fermata per catturare nuovi esemplari. Grazie alla tua indagine, la mantide religiosa verrà liberata e le tartarughe saranno curate. Inoltre, la polizia aspetterà il bracconiere all'arrivo.
È ora di ripartire!

La bici incatenata

Il mezzo migliore per visitare una città come Shangai rimane la bicicletta. Spostandoti in bici non ci sono problemi di parcheggio e potrai lasciarla ovunque. Ma sfortunatamente dopo la tua visita al giardino Yuyuan, nella città vecchia, la tua bici sembra impossibile da recuperare! Qualcuno ha incatenato la sua ruota alla tua. Come puoi fare? Decidi di chiedere ai passanti.

"Please, help me. Whose bicycle is this? Someone has locked it with mine!"

Ad un tratto ti si avvicina un uomo che ti dice in inglese:

"I saw someone near your bike. A fat man, wearing a blue raincoat."

Il problema è che ci sono almeno cinque persone per strada che corrispondono a questa descrizione e per questo gli chiedi altri particolari:

"Was he wearing a hat?"

Lui fa segno di no scuotendo la testa, ma si ricorda di un dettaglio che potrà aiutarti a individuarlo:

"Oh yes! He was carrying a wicker basket."

Questa volta l'hai trovato! Lo raggiungi senza difficoltà per chiedergli di staccare la sua bici dalla tua e lui, scusandosi, ti dice:

"Please forgive me! It was raining too hard to see anything. I own a shop with some beautiful lanterns, follow me."

Questo signore è tanto sbadato quanto generoso e dopo aver liberato la tua bici ti fa un regalo per farsi perdonare. È ora di rientrare, la notte sta calando e non vedi l'ora di provare la tua nuova lanterna.

NEED SOME HELP?

to lock (locked, locked)

fat

raincoat

hat

wicker basket

to rain (rained, rained)

shop

lantern

to follow (followed, followed)

香料集市

L'Enigma degli abissi

NEED SOME HELP?

octopus

fin

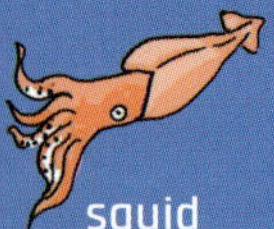
squid

to spew (spewed, spewed)

cloud

underneath

mouth

sharp

tooth (teeth)

Eccoti a bordo del sottomarino scientifico Atlantis! Stai partecipando a una spedizione per l'osservazione delle creature degli abissi. Il tuo obiettivo sarà tentare di capire perché una delle fotocamere del sottomarino funzioni perfettamente in superficie, ma non sul fondale marino. Pochi minuti dopo l'immersione, vedi un buffo animale:

"There is a strange octopus with fins on the side of its head."

Il pilota è felice di imbattersi subito in un polpo dumbo e cerca di fotografarlo, ma l'immagine è tutta nera. Accipicchia! Cosa sta succedendo? Hai appena il tempo di riflettere un momento, che subito una nuova creatura passa davanti al sottomarino:

"Look, there is a squid spewing a phosphorescent cloud. And underneath, I see a fish with a big mouth and sharp teeth."

Questo pesce dalla forma terrificante è una rana pescatrice degli abissi: ha una piccola appendice luminosa proprio sopra alla bocca, che agita per attirare i piccoli pesci nel buio e poterli così mangiare facilmente. Il pilota prova di nuovo a scattare una foto ma, anche questa volta, il risultato è solo un'immagine nera. Ecco l'idea: questa rana pescatrice ti ha fornito la soluzione! Allora domandi al pilota:

"Is there a small light on your camera ?"

Sì, un led è costantemente acceso sulla fotocamera. A ogni immersione un animale marino, attratto dalla luce, cerca di attaccare la fotocamera ostruendo l'obiettivo.
Per le prossime spedizioni basterà nascondere questo led in modo che nessuna creatura degli abissi ne venga attratta. Mistero risolto! Torniamo in superficie!

2000

Emergenza in quota!

NEED SOME HELP?

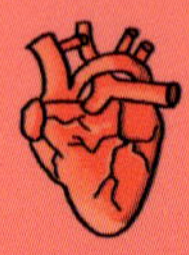
heart

to hurt (hurt, hurt)

map

skyscraper

swimming pool

rooftop

garden

to land (landed, landed)

Durante il tuo soggiorno a New York hai pensato di portarti in quota e di scoprire la città dall'alto, in elicottero. Hai già sorvolato la Statua della Libertà, il fiume Hudson, il quartiere di Manhattan e hai visto i grattacieli che si ergono fieri nel cielo della città. Quando il tuo volo sta per terminare, un passeggero al tuo fianco si tiene il petto con una smorfia di dolore:

"Oh, my heart hurts! I urgently need a doctor."

Capisci subito che bisogna assolutamente trasportarlo in ospedale, ogni minuto è importante, quindi spieghi l'urgenza della situazione al pilota, che ti risponde:

"Ok, I need your help then. Please, have a look at my map and tell me where the nearest hospital is."

Guardando con attenzione la mappa trovi un luogo di atterraggio ideale, proprio accanto a un piccolo ospedale. Quindi lo indichi al pilota:

"Do you see the skyscraper with a swimming pool?"

Annuisce.

"Behind it, there is a rooftop with a garden."

Ti fa segno di averlo visto.

"On the left of this building, there is a heliport. That is where we have to land."

Grazie alle tue indicazioni, il pilota può atterrare in tutta sicurezza e il paziente viene subito curato dai medici: dovrebbe riprendersi rapidamente. Certo ti aspettavi di provare forti emozioni quando hai prenotato il posto in elicottero, ma non fino a questo punto. La visita ora continuerà... a piedi. Sarà più riposante!

CO2020

Passeggero clandestino identificato!

NEED SOME HELP?

computer

speed

humans

spider

mouse

butterfly

guinea pig

pocket

flag

Le agenzie spaziali di tutto il mondo hanno bisogno del tuo aiuto poiché è stata rilevata un'anomalia a bordo della Stazione Spaziale Internazionale. Attualmente, in missione ci sono cinque astronauti, due americani, due russi e un giapponese, ma sta succedendo qualcosa di molto strano. Nel centro di controllo di Tsukuba, in Giappone, la responsabile delle operazioni ti mostra lo schermo:

International Space Station Computer
Altitude: 408 km Speed: 28 000 km/h
Number of astronauts: 6

Da non credere! Perché il computer indica la presenza di sei astronauti a bordo, quando ce ne dovrebbero essere solo cinque? Pensi subito a un errore, ma gli ingegneri hanno verificato più volte: c'è davvero un clandestino. All'improvviso hai un'idea!

"Does the computer detect only humans or can it also detect animals?"

La risposta conferma la tua ipotesi: i sensori sono molto sensibili e riescono a rilevare tutti gli esseri viventi a bordo, compresi gli animali. Quindi ti rivolgi direttamente agli astronauti:

"Did you bring a spider, a mouse or a butterfly on board?"

Accidenti! Sembra che tu sia fuori strada, ma osservando con attenzione le immagini trasmesse dall'interno della Stazione, riesci a distinguere un essere vivente che inizialmente era sfuggito a tutti:

"There is a guinea pig hidden in the pocket of a white bag decorated with flags."

Ecco l'inaspettato passeggero! Si tratta dell'animale domestico di uno degli astronauti, che in un momento di disattenzione si era infilato nella sua borsa. La responsabile delle operazioni ritrova il sorriso: la tua missione è finita e la Stazione Spaziale può continuare a ruotare attorno alla Terra in sicurezza.

Fermata imprevista in aperta campagna

NEED SOME HELP?

fire

window

to break (broke, broken)

boots

to carry (carried, carried)

suitcase

house

tree

Hai scelto di vivere una grande avventura prendendo la celebre Transiberiana, il treno che attraversa tutta la Russia, da Mosca a Vladivostok. Il treno raggiungerà la sua meta dopo 6 giorni, 7 fusi orari e 990 stazioni intermedie... ma cosa sta succedendo? Perché il convoglio si è improvvisamente fermato? Un passeggero ha tirato il freno di emergenza e molti viaggiatori approfittano subito di questa fermata inattesa per sgranchirsi le gambe. La hostess esclama:

"The alarm signal must be pulled only in case of fire, if a window is broken or in case of emergency."

Ma a bordo tutto sembra normale e quindi decidi di indagare, in modo che il treno possa ripartire prima possibile. Durante l'ispezione del terzo scompartimento, una donna ti dice:

"A man wearing a brown coat and yellow boots pulled the alarm."

Un altro testimone ti conferma di averlo visto scendere dal treno e aggiunge:

"He is carrying a suitcase!"

Ecco che lo scorgi dal finestrino! Perché sta scappando dal treno in quel modo? Quando finalmente lo raggiungi, ti spiega il motivo:

"My house is just behind these trees and my wife is waiting for me. I will soon be dad."

Sua moglie lo aveva appena chiamato per avvisarlo che sta per partorire e lui non poteva assolutamente perdere questo momento magico! Visto che la stazione successiva era ancora lontana, ha fatto in modo di fermarsi il più vicino possibile a casa. La hostess, che nel frattempo vi aveva raggiunti per multarlo, si lascia intenerire da questa vicenda e lo lascia andare. È tempo di ripartire, il viaggio è ancora lungo fino a Vladivostok.

Cui ha bloccato la funivia?

NEED SOME HELP?

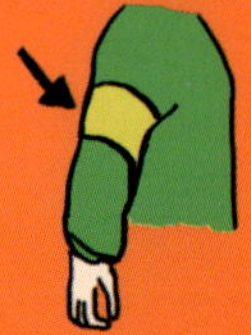

armband

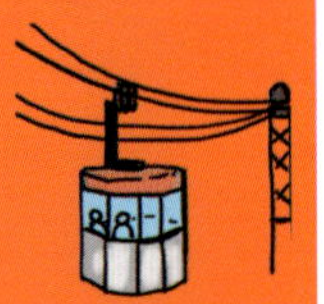

cable car

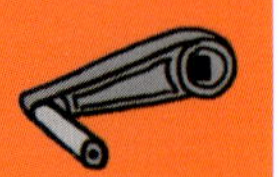

crank

picture

bird

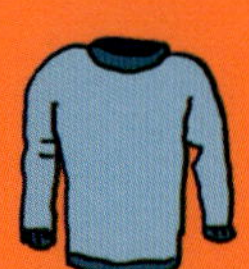

jumper

to tie (tied, tied)

waist

Per godere di una vista impareggiabile su Barcellona, non c'è nulla di meglio della funivia. Hai deciso di partire direttamente dal porto, così dopo aver preso l'ascensore stai finalmente per salire nella stretta cabina che ti permetterà di raggiungere la collina di Montjuic, quando tutto si ferma improvvisamente! Uno degli operatori presenti urla per farsi sentire nella confusione generale:

"Diego? Has anyone seen my colleague Diego? He is wearing a yellow armband."

Dato che sei sempre molto attento, lo individui subito e mentre lo avverti che il suo collega lo sta cercando, lui ti spiega:

"The cable car needs a crank. Someone has taken the one that was there."

L'agitazione inizia a prendere tutti i passeggeri... o quasi. Una turista sembra molto impegnata con la sua macchina fotografica. La vedi? Decidi di farle qualche domanda:

"I'm taking pictures of this magnificent bird on the cable."

Come hai fatto a non notare quello splendido tucano sul cavo della funivia? Purtroppo, non è stata la fotografa a prendere la manovella, ma ti indica un uomo che dice:

"Ask the man who is making a phone call. The one with a jumper tied around his waist."

Eccolo! Lo raggiungi proprio quando termina la sua chiamata. Ti spiega che lavora per lo zoo della città: lui e i suoi colleghi stavano cercando questo tucano da una settimana e, per un'incredibile coincidenza, lo ha notato qui oggi, nel suo giorno libero. Per evitare che l'animale si spaventasse, ha preso la manovella per bloccare la funivia e poi ha telefonato ai suoi colleghi, che ora sono già in viaggio per recuperare l'uccello. Ci vuole ancora un po' di pazienza... ben presto la funivia potrà ripartire.

Spia in fuga

NEED SOME HELP?

spy

harbour

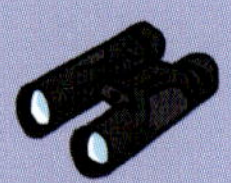
binoculars

boat

to run (ran, run)

sailing boat

sailor

trunk

Passeggiare per il porto di Auckland la sera, quando il tempo è bello, è molto piacevole. La vista è eccezionale e le barche sono magnifiche, ma sulla banchina noti due persone con gli auricolari che sembrano indagare. Quando ti avvicini, ti riconoscono immediatamente. Sono agenti segreti e, poiché sanno che sei un ottimo investigatore, decidono di metterti al corrente della situazione:

"A dangerous spy is hiding somewhere in the harbour."

Mentre ti metti in cerca del sospetto, uno degli agenti bisbiglia:

"That woman with binoculars has been looking at the boats for a long time. Maybe she saw something."

La vedi? I servizi segreti neozelandesi sono molto efficienti. Questa donna ha effettivamente assistito a una scena che suscita il tuo interesse.

"A man was running and pushed another man out of his way. Then he went towards that sailing boat."

La vittima è ancora a terra e si tiene una gamba. Gli agenti, sempre molto attenti, ti indicano un sospetto che sta levando gli ormeggi di una barca a vela, allora prendi in prestito il binocolo e non puoi fare a meno di notare un dettaglio:

"He is just a sailor, not a spy. Your spy is on the sailing boat, he is hiding in a trunk!"

Ecco fatto! Gli agenti sono sbalorditi, sei davvero all'altezza della tua reputazione. Durante la fuga, la spia ha colpito il proprietario della barca a vela per rubare le sue chiavi e nascondersi a bordo. Il suo piano avrebbe potuto funzionare se tu non fossi stato lì. Ora puoi riprendere la tua passeggiata sul porto, hai meritato un po' di riposo.

ARNO
L2009
C2014
Love

INDAGINE N° 13

Il pirata delle piste

NEED SOME HELP?

fur

crazy

sledge

to dress (dressed, dressed)

reindeer

bathtub

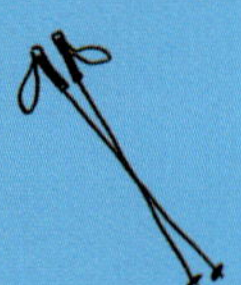
ski poles

to break (broke, broken)

Questa mattina sulle piste della stazione sciistica di Banff, in Canada, tutti indossano dei travestimenti. La neve è buona, il sole splende e l'atmosfera è davvero incredibile: la tua corrispondente ha fatto bene a insistere perché venissi a farle visita in questo periodo dell'anno. Dal momento che indossa un costume da drago è abbastanza facile da individuare, ma mentre ti avvicini a lei noti che un turista travestito da ape è stato travolto e sta urlando:

"Someone pushed me! I didn't see who it was. But this person was wearing a brown fur!"

Fortunatamente, lo sciatore è riuscito a strappare un ciuffo di pelliccia dal travestimento del responsabile. Ma chi avrebbe potuto spingerlo in quel modo? Un po' più a valle incontri una sfortunata sciatrice in tuta da astronauta, che si lamenta:

"He is crazy! He is on a sledge."

Continuando a scendere lungo la pista incontri, poco dopo, un gruppetto di persone travestite da mucche che te lo descrivono:

"We just saw him. He is dressed as a reindeer!"

Finalmente lo trovi ai piedi di un grande abete e gli chiedi perché abbia colpito tutte queste persone senza fermarsi. Il tizio ti spiega:

"This is not a sledge, but a bathtub. I was trying to use my ski poles to stop, but they broke."

Ti sembra sinceramente dispiaciuto, infatti ti conferma che aspetterà tutte le persone che ha investito, per scusarsi. Il suo travestimento, anche se originale, è senz'altro troppo pericoloso sulle piste: l'anno prossimo prenderà una vera slitta, con i freni.

Il borseggiatore del tram

NEED SOME HELP?

to steal (stole, stolen)

wallet

leek

handheld game console

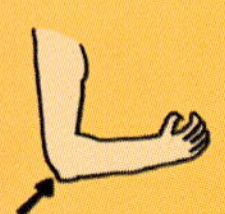
elbow

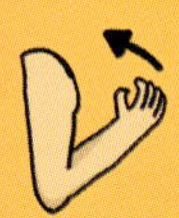
to bend (bent, bent)

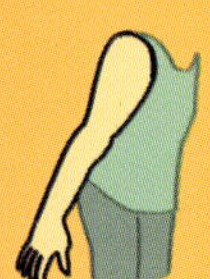
arm

to throw (threw, thrown)

litter bin

Che bello visitare il Portogallo in primavera, è la stagione migliore e i colori sono magnifici! Anche se ci sono molti turisti, in questo periodo Lisbona offre il suo abito più raffinato. Oggi hai preso il tram per raggiungere il centro della città, ma a una delle fermate un turista americano esclama:

"Someone has stolen my wallet. There's a pickpocket in this tram!"

Bisogna agire rapidamente, molti passeggeri sono appena scesi e il ladro è sicuramente tra questi. Il turista americano indica la persona che era accanto a lui durante il tragitto:

"It could be the woman holding a big bag of leeks."

Ma il tuo istinto ti dice subito che questo indizio ti porterà fuori strada. La donna è troppo carica di borse della spesa per riuscire in una tale destrezza. Infatti, ti dice:

"I didn't move at all. But there was a man playing on a handheld game console just behind you..."

Vedi l'uomo, ma anche in questo caso pensi che, avendo le mani occupate, non avrebbe potuto frugare nelle tasche di un altro passeggero. In quel momento però noti un dettaglio insolito: quell'uomo tiene la sua console in un modo molto strano...

"His right elbow is bent in a strange way. His real arm is inside his raincoat!"

Complimenti! Hai appena pizzicato il borseggiatore che tormentava i passeggeri di questa linea da diverse settimane! Ma cosa ne ha fatto del portafoglio? Dopo aver preso i soldi, se n'è sbarazzato:

"I threw it in the litter bin."

Trovato? Bene! Puoi finalmente proseguire la tua visita della città!

CARREIRA 17
550

Il camion ammaccato

NEED SOME HELP?

book

bedroom

cup of tea

kitchen

postcards

tall

seat

to sit (sat, sat)

small truck

road

Dopo aver visitato il parco nazionale W, in cui hai potuto vedere elefanti, leoni e ippopotami in libertà, decidi di trascorrere qualche giorno a Niamey, la capitale del Niger. Alloggi in una piccola struttura, gestita da Fatoumata, con solo quattro camere da letto. Tornando da una passeggiata vedi il furgone della proprietaria accartocciato contro un palo! Fatoumata è arrabbiata: qualcuno ha preso le chiavi senza il suo permesso e ha avuto un incidente. Decidi allora di interrogare tutti i sospetti: gli ospiti delle altre tre camere. Domandi subito a un piccoletto cosa stesse facendo al momento dell'incidente:

"I'm John and I am British. At the time of the accident, I was reading a book in my bedroom."

Ti rivolgi quindi a un omaccione con le braccia tatuate:

"My name is Sergei, and I am Russian. I was having a cup of tea in the kitchen."

Infine passi alla terza persona presente, una ragazza di nome Debby:

"I am American. I was writing postcards in the garden."

Dopo aver ascoltato i loro alibi, non hai più alcun dubbio! Il colpevole è... John. Come hai fatto a scoprirlo? Sono tutti sorpresi, allora spieghi:

"John is not very tall. So he put a book on the seat of the small truck and sat on it in order to see the road. But he forgot to take it with him after the accident. Look, it's still there!"

John è davvero confuso e dispiaciuto. Aveva solo voglia di fare un giro nei dintorni prima di lasciare il paese e vedendo le chiavi del camion non ha saputo resistere, però, non essendo abituato a guidare questo tipo di veicoli, ha perso subito il controllo. Così ora pagherà tutte le riparazioni, inoltre, per scusarsi di aver mentito, inviterà tutti quanti a una grande cena di saluto. Fatoumata ha ritrovato il suo sorriso. Ben fatto, detective!

2007
RN

Matrimonio movimentato a Bollywood

NEED SOME HELP?

screenplay

to go (went, gone)

glass

water

stool

director

waiter

flower

curtain

Mentre stai visitando Mumbai, in India, vieni invitato alle riprese di una commedia musicale. Sul set ci sono tantissime persone! Stanno girando una delle scene principali del film, il matrimonio della protagonista. Che spettacolo! Lo sposo sta facendo il suo ingresso sostenuto da una piramide umana su alcune moto. Una scena veramente impressionante da vedere, ma il regista non sembra affatto contento e tutto a un tratto si mette a urlare in inglese:

"Where is my screenplay ? And where is Amar? He went to get a glass of water..."

Non impieghi molto tempo a trovare Amar, ma quando gli spieghi che deve sbrigarsi a riportare la sceneggiatura, si fa prendere dal panico:

"I am desperately looking for the screenplay. Someone has taken it. It was on the stool, near the director."

Nel frattempo, gli acrobati in moto cominciano a sudare! Bisogna ritrovare in fretta la sceneggiatura, prima che perdano l'equilibrio. Una comparsa, che ha sentito per caso la vostra conversazione, interviene:

"A man dressed as a waiter is reading behind those flowers."

Lo hai visto? Ben presto ti rendi conto che non sta leggendo la sceneggiatura... tuttavia, sembra che ti possa offrire un indizio interessante:

"I saw a man with a screenplay behind the curtains!"

Ecco il colpevole! Il regista lo riconosce immediatamente, è un giornalista che ha approfittato dell'agitazione per intrufolarsi sul set. Ha intenzione di scrivere un articolo su questo film tanto atteso e ha rubato la sceneggiatura per scoprire la storia. Gli agenti della sicurezza lo accompagnano fino all'uscita e le riprese della scena possono finalmente proseguire. Silenzio, ciak, si gira!